26 Novembre 1889.

P

VENTE DU MARDI 26 NOVEMBRE 1889

HOTEL DROUOT, SALLE N° 5

COLLECTION

DE

Loewenstein (Francfort)

BIJOUX EN OR ÉMAILLÉ

ET PIERRERIES

De la Renaissance et de Styles

MATIÈRES PRÉCIEUSES

CAMÉES

EXPOSITION PUBLIQUE

LE LUNDI 25 NOVEMBRE 1889

COMMISSAIRE-PRISEUR	EXPERT
Me Paul CHEVALLIER	**M. Charles MANNHEIM**
10, rue de la Grange-Batelière, 10.	7, rue Saint-Georges, 7

EXEMPLAIRE DE H. STETTINER

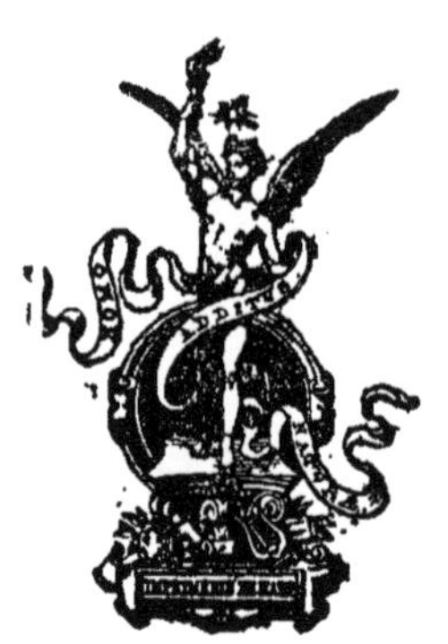

CATALOGUE

DE

BIJOUX

EN OR ÉMAILLÉ

DE LA RENAISSANCE ET DE STYLES

Pendants de cou
Plaques de corsage, Médaillons, Médailles, Reliquaires, etc.
enrichis de diamants et de pierres de couleurs
Camées, Émaux peints

MATIÈRES PRÉCIEUSES

DONT LA VENTE AURA LIEU

HOTEL DROUOT, SALLE N° 5

Le Mardi 26 Novembre 1889

A 2 HEURES

Me PAUL CHEVALLIER	M. CHARLES MANNHEIM
COMMISSAIRE-PRISEUR	EXPERT
10, rue de la Grange-Batelière, 10	7, rue Saint-Georges, 7

EXPOSITION PUBLIQUE

Le Lundi 25 Novembre 1889, de 1 heure à 5 heures.

CONDITIONS DE LA VENTE

Elle sera faite au comptant.

Les acquéreurs payeront, en sus des adjudications, *cinq pour cent* applicables aux frais.

L'Exposition mettant le public à même de se rendre compte de l'état des objets, il ne sera admis aucune réclamation une fois l'adjudication prononcée.

Paris. — Imp. de l'Art, E. Ménard et Cie, 41, rue de la Victoire.

DÉSIGNATION DES OBJETS

BIJOUX

1 — Médaille d'or de HERZMAN KARLICH Z. BVBN, 1572. ℟. Ses armoiries et les lettres I. Z. B. Elle est montée dans un entourage du temps en or émaillé, à enroulements sur fond vert.

2 — Grande plaque ronde en or découpé à jour et émaillé blanc, bordée d'un rang de rubis. Elle présente, à son centre, un chaton garni d'un diamant-table. Ce chaton est entouré d'ornements et de papillons en or émaillé en couleurs, rapportés sur le fond, ainsi que des chatons garnis de pierreries. Le bord extérieur, ainsi que quatre compartiments, sont décorés d'ornements et de feuillages rosés sur fond d'émail blanc. XVIe siècle.

3 — Petit collier du XVIe siècle, composé de boules d'or finement repercées à jour et émail-

lées en couleurs. A ce collier est appendu un reliquaire à huit pans ouvrant, en cristal de roche, monté en or émaillé, et qui renferme une petite statuette de saint Charles Borromée.

4 — Bijou pendentif composé d'ornements en or découpé. Il présente, à son centre, une sorte de roue incrustée de pierreries, et il est enrichi, à droite et à gauche de cette roue, de deux petites figurines en or émaillé. Il est garni, à sa partie inférieure, d'une perle et de deux petits rubis. Il porte au revers des inscriptions allemandes gravées. XVIe siècle.

5 — Bijou formé d'un centaure en or ciselé, avec ceinture et flèche émaillée. Il est suspendu à une chaînette composée de maillons émaillés, et il se termine, à sa partie inférieure, par quatre perles pendeloques.

6 — Bijou de cou en or émaillé, de la fin du XVIe siècle. Il offre, à son centre, un bas-relief en or émaillé, à double face, qui représente Saint Jérôme en adoration. L'encadrement se compose de roses triangulaires qui se détachent sur un fond émaillé. Le revers présente des ornements très finement émaillés.

7 — Petit cadre rectangulaire en or, à double face, et bordé d'ornements découpés à jour. Une des faces est émaillée blanc avec rehauts d'émaux verts et noirs. L'autre, émaillée blanc et rouge, est enrichie d'un rang de diamants-tables et d'écoinçons et d'attaches, également ornés de diamants. XVIe siècle.

8 — Grand bijou de style Renaissance, composé d'un camée rond sur agate onyx à deux couches, qui représente un amour monté sur un dauphin. Ce camée est entouré d'un rang de roses et monté au centre d'un médaillon composé de rosaces fleuronnées en or émaillé, et enrichi de perles fines et de roses. Ce bijou est relié par deux chaînettes ornées de perles à un fleuron surmonté d'une couronne, et il est garni, à sa partie inférieure, de trois perles poires.

9 — Bijou de cou formé d'un petit navire toutes voiles dehors, en or émaillé vert et blanc, suspendu à une attache garnie de pendilles aussi en or émaillé et de perles fines. XVIe siècle.

10 — Bijou composé de deux cœurs, avec fleuron en entredeux, en or émaillé noir et blanc, dé-

coupé à jour et enrichi de rangs de grenats et de petites perles. Époque Louis XIII.

11 — Bijou formé d'un chaton, en or émaillé, avec rose au centre, entouré de diamants-tables et de grenats sertis dans des chatons ovales en or. Ce bijou est suspendu à un chaton d'or émaillé vert, avec fleurons roses, qui présente, à son centre, une émeraude rectangulaire. Il se termine, à sa partie inférieure, par douze petites perles fines.

12 — Bijou ovale en or découpé à jour et émaillé. Il présente, à son centre, la figure de l'Enfant Jésus, debout, entouré de rayons concentriques. Une petite croix est appendue à sa partie inférieure. XVIe siècle.

13 — Croix de cou formant reliquaire, en or émaillé noir et blanc, et portant en relief, sur une de ses faces, les divers instruments de la Passion. Les extrémités des branches sont ornées de fleurs de lis. XVIe siècle.

14 — Croix de cou en or émaillé, à double face. Sur l'une, les instruments de la Passion, peints

en couleurs sur fond blanc. Sur l'autre, chatons renfermant des roses serties en or. Au pourtour, ornements découpés à jour et émaillés noir et blanc. XVIIe siècle.

15 — Bijou de corsage formé d'un vase de fleurs en ronde bosse, en or émaillé, avec chatons et pendilles incrustés de roses. Espagne. XVIIe siècle.

16 — Applique légèrement bombée, en or émaillé, composée d'ornements découpés à jour et enrichie de deux perles fines. XVIe siècle.

17 — Le Calvaire. Petit groupe-applique en or émaillé, muni d'un anneau à sa partie supérieure, et découpé à jour. XVIe siècle.

18-19 — Deux petits bijoux formés chacun d'une licorne, en or émaillé blanc et enrichi de rubis et d'émeraudes. Ils sont suspendus à deux chaînettes d'or avec perle en entredeux, et ils se terminent, à leur partie inférieure, par une autre perle.

20 — Petit bijou en or émaillé, formé d'un guerrier monté sur un lion.

21 — Bijou formé d'un cheval, en or émaillé blanc, et dont le front, le poitrail et le dos sont incrustés de diamants-tables. Les quatre jambes de l'animal sont reliées par une chaînette d'or à laquelle est suspendue une perle.

22 — Bijou formé d'un lézard, en or émaillé, dont la tête et le dos sont incrustés d'émeraudes.

23 — Épingle formée d'une branche de fleurs, en or, à laquelle sont appendues des pendeloques ornées de roses. Au centre du bijou se trouve une figurine de négrillon en or émaillé.

24 — Médaille en or : Saint Georges terrassant le dragon. S. Georgivs. Eqvitvm. Patronvs. ℟. In tempestate. Secvritas. Un navire sur les flots.

25 — Médaillon en or ciselé et émaillé. Au centre, sainte femme faisant l'aumône à un pauvre agenouillé devant elle. Entourage de fleurs et tête de chérubin. Au-dessus, une couronne royale. Au revers, plaque émaillée portant, au centre, les lettres J. C. ; au pourtour, l'inscription Real orden de Santa Izabel et la date MDCCCI.

26 — Deux petites croix d'ordres et un médaillon en or émaillé et découpé à jour.

27 — Deux boucles d'oreilles indiennes en or émaillé et pierreries.

28 — Deux grandes et belles boucles d'oreilles indiennes en or émaillé sur une de leurs faces et enrichies de pierres fines incrustées sur l'autre. Chacune d'elles est formée d'une rosace et d'un gland garni de pendilles.

29 — Très grande plaque de corsage (?), formée de l'aigle à deux têtes de l'Empire, dont les ailes, composées d'ornements ajourés, et les autres parties du corps sont incrustées de roses. Ce bijou est garni à sa partie supérieure ainsi qu'à sa partie inférieure de perles fines, et sa monture est partie en or et partie en argent. Il présente à sa partie postérieure une cassolette de forme hémisphérique découpée à jour.

30 — Broche formée de feuilles incrustées de diamants et reliées par un ruban et d'un fruit simulé par une coque de perle. Monture en argent.

31 — Broche analogue à celle qui précède mais plus petite.

32 — Grand bijou de style Renaissance, en or émaillé et pierreries ; il est enrichi d'un oiseau debout émaillé blanc, placé au centre d'une couronne à fond vert sur laquelle se détachent des chatons garnis de diamants. Au-dessous est un motif incrusté de rubis et de diamants.

33 — Médaillon rond en or émaillé, de style Renaissance, entouré d'ornements découpés à jour sur lesquels sont rapportés quatre écus armoriés et surmonté d'une couronne royale.

34 — Bijou formé d'un camée gravé sur jacinthe et représentant la Vierge tenant l'Enfant Jésus. Monture en or émaillé sur fond découpé à jour et fleurons saillants garnis de chatons ornés de diamants-tables. Dans le bas, trois pendeloques sont ornées de roses.

35 — Deux bagues juives de mariage en or ; l'une d'elles à clochetons découpés à jour, l'autre portant des ornements et des caractères hébraïques en relief.

36 — Bijou pendentif formé d'un dauphin en or émaillé, enrichi de pierreries et d'une très petite perle.

37 — Deux boucles d'oreilles de style Renaissance, formées chacune d'un anneau et d'un petit chien en or émaillé et pierreries.

38 — Bijou de même style, composé d'une figure de génie en or émaillé, à califourchon sur un dauphin en pâte noire dont les yeux sont en roses et auquel sont suspendues trois perles fines.

39 — Coulant en or émaillé à double face ; sur l'une d'elles sont des côtes en torsades émaillées vert et blanc, sur l'autre sont des fleurs émaillées en couleurs et découpées à jour.

40 — Statuette en or émaillé : l'Enfant Jésus debout et bénissant. De la main gauche, il tient la boule du monde qui est formée d'une perle.

41 — Deux pièces en or émaillé : petit bijou formé d'une sainte Madeleine en prière, et singe dont le corps est ceint de roses.

42 — Bijou de style Renaissance, en or émaillé, de forme ovale en largeur et représentant un guerrier à cheval et une dame de qualité. L'encadrement est enrichi de chatons garnis de diamants-tables, et il présente à sa partie inférieure trois perles pendeloques.

43 — Médaillon en argent doré à double face. Sur l'une, le buste en bas-relief d'Ernest, duc de Saxe, et, sur l'autre, celui d'Élisabeth-Sophie, sa femme.

44 — Bijou composé d'un dragon ailé dont le corps est formé d'une perle baroque et dont la monture, en or émaillé, est enrichie de pierreries. Ce bijou se termine à sa partie inférieure par une perle poire.

45 — Croix de cou en or émaillé noir avec crucifix en relief. Au revers, grenats incrustés portant les divers instruments de la Passion gravés en creux et émaillés blanc.

46 — Médaillon ovale et ouvrant du temps de Louis XIII, en or émaillé. Il est couvert à l'extérieur de fleurs qui se détachent en couleurs sur

fond noir, et l'intérieur, émaillé bleu turquoise, est rehaussé d'ornements peints en noir.

47 — Petit bijou formant médaillon et composé d'enroulements exécutés en or et incrustés de roses. Il est suspendu à deux chaînettes reliées par un fleuron de même travail, et il renferme un petit bas-relief en or émaillé qui représente saint Joseph et l'Enfant Jésus. Espagne. XVIIe siècle.

48 — Bijou en or composé d'enroulements encadrant un cœur et surmonté d'une couronne. Il est enrichi de pierreries et se termine à sa partie inférieure par une perle baroque.

49 — Petit bijou formé d'un cheval marin en or émaillé et pierreries.

50 — Cassolette en forme de vase sphérique et surbaissé, en argent guilloché à l'imitation de vannerie. Époque Louis XIII.

51 — Petit bas-relief rectangulaire en argent, représentant le Sacrifice d'Abraham.

52 — Médaillon ovale formant boîte en argent. Le

dessus présente en bas-relief des figures mythologiques.

53 — Médaille d'argent composée de deux médailles semblables accolées et représentant deux bustes de profil et conjugués : LEOPOLDVS · ARCHID. AVS ET CLAVDIA ARCHIDVCISA AVS. MEDIC.

54 — Étui en porcelaine anglaise, la partie inférieure de forme cylindrique rehaussée de dorure, la partie supérieure formée d'une figurine d'amour tenant deux colombes.

55 — Bague d'or émaillée noir, enrichie d'une opale et de quatre diamants-tables. Époque Louis XIII.

56 — Bague d'or émaillée noir, avec chaton carré orné d'un cristal taillé à degrés.

57 — Bague d'or avec chaton garni d'une agate onyx cabochon.

58 — Montures de trois bagues d'or dont deux enrichies de pierreries.

59 — Bague d'argent avec chaton garni d'une plaque d'onyx.

60 — Étui à ciseaux du temps de Louis XIII, en argent gravé et émaillé vert transparent avec rosaces et bordures d'ornements émaillés blanc. Il contient deux petits instruments à manches d'argent gravé.

61 — Petite boîte octogone en ivoire, incrustée de plaques d'or gravé et le dessus orné d'une tête de lion en relief. XVIIe siècle.

62 — Paire de ciseaux avec monture en or, formée de cariatides de femmes ailées. Travail du temps de l'Empire.

63 — Noix ouvrante contenant un dé en ivoire et un petit flacon.

64 — Trois bourre-pipes formés chacun d'une jambe de femme en porcelaine.

MATIÈRES PRÉCIEUSES

CAMÉES

65 — Cristal de roche. Petit vase couvert à panse sphéroïdale couverte d'ornements finement gra- 800

vés et à anses, mascarons pris dans la masse. Monture à poignée mobile formée d'une traverse de cristal reliée à la pièce par une double branche d'or ciselé à dragons ailés et ornements. Entre le couvercle et la pièce est une gorge en or gravé et un goulot de même métal s'échappe d'un mascaron pris dans le bloc de la panse et placé sur la face.

66 — Cristal de roche. Coupe ovale couverte de fines gravures en creux de style Renaissance, représentant les Triomphes de Neptune et d'Amphitrite. L'anse, formée d'une cariatide de femme renversée, est prise dans le bloc et se termine, à sa partie inférieure, par des feuilles et des enroulements. Sur la panse de la coupe, à l'extrémité opposée à l'anse, est une tête de fleuve gravée en relief.

Le piédouche à nœud présente à sa base une frise de divinités marines se jouant dans les flots.

Ce pied est relié à la pièce à l'aide d'une bague en or émaillé enrichie de petits rubis.

Travail remarquable.

67 — Petit buste d'Hercule gravé sur agate. XVIe siècle.

68 — Camée du XVIe siècle, sur calcédoine à deux couches. La Vierge assise sur un trône tient l'Enfant Jésus de son bras droit. Monture en or et plaque émaillée au revers.

69 — Deux pierres gravées : Camée ovale, la Vierge vue à mi-corps et l'Enfant Jésus et tête de femme sur agate à deux couches.

70 — Camée sur grenat représentant une *pieta*. Le Christ mort est étendu sur les genoux de sa mère. Le revers de la pierre est taillé à degrés. XVIe siècle.

71 — Camée sur turquoise à double face. Sur l'une, le Christ vu à mi-corps ; sur l'autre, la Vierge portant l'Enfant Jésus.

72 — Camée sur agate onyx. Tête de Gorgone.

ÉMAUX PEINTS

73 — Peinture sur émail de forme ovale : Portrait de femme vue à mi-corps et tenant une pomme de la main droite. Signée au revers : *J. Barbette, 1694*.

74 — Peinture sur émail de forme ovale du temps de Louis XVI : Portrait d'homme en costume rouge, la tête poudrée. Montée en broche en or gravé et bordure émaillée vert.

75 — Peinture sur émail de forme ovale du temps de Louis XIV : Portrait d'homme portant la perruque à rallonges et un costume de magistrat.

76 — Trois pièces : Portrait d'homme à l'huile sur cuivre et deux miniatures sur vélin : L'Adoration des Mages et Adoration de l'Enfant Jésus par un saint.

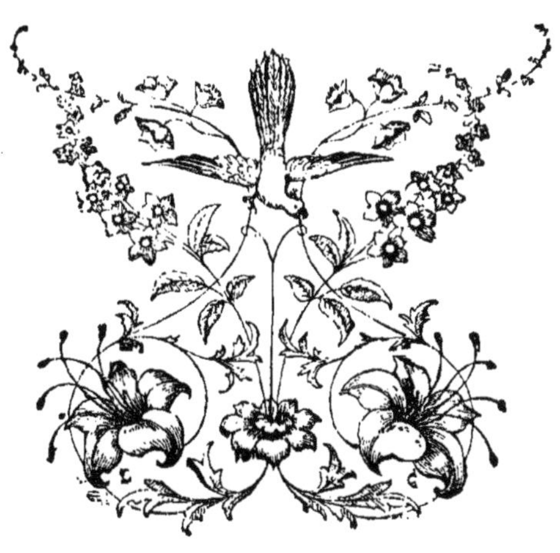

www.ingramcontent.com/pod-product-compliance
Ingram Content Group UK Ltd.
Pitfield, Milton Keynes, MK11 3LW, UK
UKHW022153260726
13993UKWH00005B/2338